Für ihn

In tiefstem Dank

Nichts geschieht umsonst auf dieser Welt

oder

Der Fall

Breakable
Zerbrechlich

die Anhänge

Antonia Katharina Tessnow

Bibliografische Information der Deutschen Nationalbibliothek:
Die Deutsche Nationalbibliothek verzeichnet diese Publikation in der Deutschen Nationalbibliografie; detaillierte bibliografische Daten sind im Internet über http://dnb.dnb.de abrufbar.

TWENTYSIX – Der Self-Publishing-Verlag
Eine Kooperation zwischen der Verlagsgruppe Random House und BoD – Books on Demand

Herstellung und Verlag:
BoD – Books on Demand, Norderstedt

ISBN: 978-3-740-75218-7

Autorin: Antonia Katharina Tessnow

von Selbstwert und Zerstörung -
oder: Erkenne Deinen Wert

Ein Überblick

Damals, als die Sonne noch schien -
oder: Ein Leben in der Dunkelheit
ist keine Option

Einblick eines Betroffenen

Un-möglichkeit und Möglichkeit -
oder: Von der Wichtigkeit, sich selbst zu lieben

Aussicht für Betroffene

Finales Resümee -
oder: Nichts geschieht umsonst auf dieser Welt

Ein Nachruf

von Selbstwert und Zerstörung -
oder: Erkenne Deinen Wert

Ein Überblick

Es gibt viele Varianten, wie sich der Schluss zu solch einer lebensdramatischen Geschichte hätte gestalten können. Der Tod, vor allem ein Mord, ist sicherlich eine der drastischsten Realitäten, die vorstellbar gewesen sind, doch ich wählte diesen Schluss, da mir das Drastische die tiefsten Eindrücke zu hinterlassen scheint. Dazumal ein Mord tatsächlich als eine logische Folge möglich gewesen wäre. Laut einem Kriminologen aus der Pfalz liegt der Anteil von Männern, die Gewalttaten mit Todesfolge begehen und deren Leben eine ungelöste Mutterproblematik zu Grunde liegt, bei 70%! Somit wäre solch ein Ende einer so gearteten Geschichte durchaus möglich, wenn nicht gar wahrscheinlich.

Schon Alfred Hitschcock wählte in seinem berühmten Film 'Psycho', dem ebenfalls die Thematik eines ungelösten Mutter-Sohn-Konfliktes zu Grunde liegt, den Mord als Plott. Doch was macht den Charakter eines solchen Menschen aus?

Arno Gruen schrieb in seinem Buch 'Wider den Gehorsam' über Menschen, in deren Leben an die Stelle von Selbstverwirklichung auferzwungener Gehorsam getreten ist:

'An die Stelle wirklichen Verantwortungsbewusstseins tritt Pflichterfüllung ... Pflichterfüllung aber hat mit Gehorsam zu tun. Indem man sich pflichtbewusst verhält, bleibt man dem Bild treu, das Eltern und andere Autoritätspersonen von sich selbst vermittelt haben.

Wer ihren Erwartungen entspricht, wird mit Bestätigung belohnt.

So gerät das Ausfüllen von Rollen zum Ziel des Lebens. Für einen solchen Menschen, der die Pose zum Sein erhebt, bedeutet Schuld, wertlos zu sein, weil man sich nicht richtig verhalten hat. Korrektes Verhalten erzeugt den Anschein von Verantwortung, ist aber von einer wirklichen Übernahme von Verantwortung weit entfernt. Daraus resultiert ein Persönlichkeitsgefüge, das innere Regung nach Freiheit mit Ungehorsam gegenüber der Macht gleichsetzt, von der man Anerkennung erhofft. Gleichzeitig hasst man alles, was die dahinter lauernde Angst und damit die wahre Ursache des Leidens aufdecken könnte.

Aus diesem Grund müssen Menschen mit einer solchen Entwicklungsgeschichte alles, was die Wahrheit aufdecken und zu wirklicher Liebe führen könnte, nicht nur hassen, sondern auch zerstören.'

(2003, aus dem Buch 'Wider den Gehorsam')

Zerstören wollte mich auch ein Bauer aus demselben Dorf, in dem ich lebte. Er meinte, sich in der Figur des Lolli im Buch wiederzuerkennen und sah sich entlarvt, wähnte sich erkannt und ertrug es nicht, dass angeblich sein Lebenskonstrukt und die große Lüge seines Daseins, entdeckt wurden. Die Beschreibung der Geschichte, des Lolli, im Buch, schien so treffend gewesen zu sein, so deckungsgleich zu seinem Innen- und Außenleben, dass er nicht umhin konnte, sich darin gespiegelt zu sehen. Im Buch ist es Lolli, dessen Lüge nicht nur sein Leben, sondern auch ihn stützte. Hinter dieser Lüge lauerte seine Wahrheit: Die Tatsache, dass er es eben nicht geschafft hatte, für sich selbst zu stehen und ein eigenes Leben zu führen, sondern stattdessen sein Leben in treuer Unterwürfigkeit und absolutem Gehorsam fristete, von deren Erfüllung für ihn alles abhing.

Der Bauer ging gegen das Buch vor, obwohl er seit Monaten von dem Erscheinen des Buches wusste, ja, sogar eines der Korrekturexemplare gute 4 Wochen vor dem Erscheinen der ersten Buch- und Autorenvorstellung im Nordkurier in der Hand hielt. Dieser Mann lehnte mit aller Vehemenz mein Angebot ab, den Roman vom Markt zurückzuziehen. Obwohl ich ihm schon 3 Tage nach der Veröffentlichung des ersten Zeitungsartikels und einen Tag nach einer lauten, aggressiven Schimpfkaskade, die er am Telefon über mich hinunterprasseln ließ, dieses Angebot machte. Auch auf meine SMS hin, die ich 3 Wochen später schrieb, mit dem Wortlaut :

'Schade, dass Du nicht reden magst. Ich bin immer noch zu einer Einigung bereit. Das war ich von Anfang an',

kam keine Reaktion.

Die Presse schaltete sich ein. Es folgte ein Zeitungsartikel nach dem anderen. Das Dorf wurde durch Hetzkampagnen und Lügengeschichten des angeblich Beschriebenen aufgewiegelt und kochte. Eine von mir geplante Lesung wurde anwaltlich untersagt, was die Geschichte rund ums Buch endgültig auf die Titelseite der lokalen Presse katapultierte. Letztendlich fand eine Lesung statt, mitten im Familienzentrum im Herzen Teterows, die bis auf den letzten Platz ausverkauft war. Der anwesende Journalist betitelte den anschließenden Zeitungsartikel mit der Schlagzeile:

Antonia T - gescheitert doch wieder aufgestanden.

Der detaillierte Verlauf der Geschichte ist den Zeitungsartikeln zu entnehmen, die bis heute nicht nur auf meiner Internetseite www.antonia-katharina.de einzulesen sind, sondern auch auf einem Blog, den ich aus Selbstschutz kreierte und der sämtliche Ereignisse eingehend dokumentiert. Er ist zu finden unter

breakablezerbrechlich.wordpress.com

Ein Jahr nach der Veröffentlichung des Romans folgte eine Klage, die der Bauer beim Landgericht Rostock eingereicht hatte und von der er auch nach mehreren Einigungsversuchen nicht abließ. Des Weiteren, unmittelbar nach dem Erscheinen des Buches, folgte eine Rufmordkampagne in unserem Dorf, in dem wir gemeinsam lebten - er im ersten, ich im letzten Haus, außerhalb. Was Arno Gruen beschrieb, spiegelte sich im wahren Leben wider: Dieser Mann musste nicht nur hassen, sondern versuchte mit allen Mitteln, *die* zu vernichten, die seiner Meinung nach die Wahrheit aufgedeckt hatte: mich.

Die Klage endete mit einer Güteverhandlung, in der der Kläger eine Einigung einging, die er ganz offensichtlich weder verstanden, noch wirklich gewollt hat. Denn schon zwei Wochen später gingen die ersten Strafanträge gegen mich ein, die er vorher bei seiner Nachbarin mit den Worten angekündigt hatte:

'Die werden wir vor Gericht ziehen. Die wird bluten!'

Die Strafanträge gingen ebenfalls beim Landgericht Rostock ein und waren ebenso haltlos wie die Klageschrift selbst. Fast ein weiteres Jahr später - nach mehreren Schriftwechseln, erneuten Konsultationen bei meinem Anwalt und eingereichter Beschwerde der Gegenseite - wurden sie vom Landgericht abgelehnt.

Leopold Schacht hat all seinen lebenslangen Hass hinuntergeschluckt, all den aufgestauten Groll eines ungelebten, selbst-unverwirklichten Lebens still versucht zu ertragen. Den Groll auf ein Leben, das er unter Gehorsam und treuer Pflichterfüllung gefristet hatte - bis er Nicola traf und er am Ende die Kontrolle verlor; und darüber hinaus sich selbst.

Es war, als wenn mit dem Erscheinen dieses Buch ebensolche Gefühle in dem Bauern entfesselt wurden, dessen Lebensgeschichte für ihn dort niedergeschrieben stand. Das Buch war Anlass für ihn, seine Rufmordkampagnen zu begrüßen, zu klagen, Strafanträge einzureichen, Vernichtung zu üben gegen das endlich gefundene Objekt seines Hasses - mich.

Zeitweilig hatte ich Angst, dass die von ihm Aufgehetzten mir im Alten Jagdhaus die Scheiben einschlagen würden. Ich traute mich nicht mehr, meine Hunde allein zu lassen. Ich hatte Angst, mich außerhalb meines Grundstückes zu bewegen. Einmal traf ich ihn, allein auf den Wiesen der mecklenburgischen Schweiz, unweit vom Dorf. Er bremste sein Auto neben mir ab, öffnete die Tür und schrie mich an. Eine gefühlte Ewigkeit. Ich sagt nichts. Erstarrte. Mein Herz raste. Dann zog er die Tür zu. Das dumpfe Knallen hallte auf der weiten Ebene. Dann fuhr er davon.

Immer wieder fragte ich mich: Wenn er abends bei sich oben die Tür hinter sich schließt, dann weiß er doch, wie es gelaufen ist? Dann weiß er doch, dass er von allem wusste, alles durchgewunken hatte, er das Buch sogar in der Hand hielt. Er las den Klappentext, ließ einmal alle Seiten des Buches wie ein Daumenkino durch seine Finger gleiten, legte es vor mir auf den Tisch mit den Worten: 'Fertig!', und lächelte mich an.

Nachdem der Roman dann erschienen war, der Artikel in der Zeitung stand, erst da - vielleicht aufgehetzt? - entfesselte sich eine Wut in ihm, die alles übertraf, was ich bis dahin von ihm kennengelernt habe. Ich bot ihm an, den Roman zurückzuziehen, wenn er mich im Gegenzug dazu nicht trotzdem verklagte - ja, übermittelte ihm meine Einigungsbereitschaft wiederholt ein paar Wochen später sogar per Text-Nachricht. Ohne Erfolg.

Er wusste doch, dass er die ganze Zeit bei mir war, um über unsere Beziehung zu sprechen; wir uns sogar noch einmal trafen, nach Erscheinen des ersten Zeitungsartikels! Das wusste er doch alles! Und jetzt wendete er sich so gegen mich? Beschimpfte mich, schrie mich an, diffamierte mich in nächster Umgebung, schaltete Anwälte ein, wollte eine völlig überflüssige Klage - anstatt einfach mal mit mir zu sprechen? Anstatt einfach einmal anzuhalten und mein Angebot anzunehmen? Einfach nur mein Angebot anzunehmen? Zerriss ihn das nicht innerlich? Machte ihn das nicht krank?

Es dauerte nicht lange, und der sich selbst zum Bauern Lolli im Buch erklärte Bauer aus meinem Heimatdorf erhielt die niederschmetternde Diagnose: Krebs.

Eine gute Freundin von mir kommentierte seinen ersten operativen Eingriff mit den Worten: *'Wenn er aus dem Krankenhaus kommt und als erstes wieder seinen Anwalt konsultiert, um weiter gegen Dich vorzugehen, dann weißt Du: der Zug ist abgefahren.'*

Seine Beschwerde gegen die gerichtliche Ablehnung der Strafanträge kam nur wenige Wochen, nachdem er wieder daheim war.

'Ein bis eineinhalb Jahre nach einem traumatischen Ereignis kommt meist die Diagnose - wenn man das Ereignis nicht verarbeitet hat und ihm erlaubt, die eigene Seele zu zersetzen', erklärte mir eine andere Freundin, die ihre Diagnose fortgeschrittenen Krebses nach dem Tod ihres Sohnes erhielt. Sie ließ sich in einer ganzheitlichen Klinik behandeln und krempelte ihr Leben danach vollkommen um, schloss Frieden mit sich und ihren Erfahrungen, folgte ihrem Herzen, wechselte ihren Beruf und richtete ihr Leben vollkommen neu aus. Heute lebt sie ein Leben nach ihren Vorstellungen; und ist krebsfrei. Seit mehr als 15 Jahren.

Seine Krankheit war *nicht* heilbar. Die Operationen konnten die Streuung der Metastasen nicht mehr aufhalten; keine Chemotherapie schlug an.

Er litt lange. Rief mich von seinem Totenbett aus noch einmal wortlos an und schrieb mir wirre Nachrichten, die keinen echten Sinn ergaben. Trotzdem blockte er auch dann noch einen allerletzten Versuch ab, mit mir und damit mit sich selbst Frieden zu schließen.

Mit fortschreitender Krankheit, zunehmendem Leiden und der ganz offensichtlichen Unfähigkeit dieses

Mannes, loszulassen, kam die Frage auf, ob es noch etwas zu klären gäbe in seinem Leben; mit jemandem? Ob noch etwas offen sei, eine unerledigte Geschichte? Er bejahte, lehnte jedoch bis zum letzten Tag, den er bei Kräften war, alles ab, was ihm seinen ersehnten Frieden hätte bringen können.

Nach Monaten der Bettlägerigkeit, am Ende teilweise wirr und kaum mehr ansprechbar, verstarb er früh morgens allein in seinem Krankenhauszimmer. Ob er seinen inneren Frieden noch gefunden hat, nach dem er sich zu Lebzeiten so sehr sehnte und dessen Erfüllung ihm versagt blieb?

Warum schrieb ich dieses Buch?

Wieder und wieder stellte ich mir diese Frage. Nicht nur andere Menschen mutmaßten darüber, sondern auch ich selbst.

Schreckliches habe ich erlebt und in der Geschichte der Nicola verarbeitet. Genau wie viele andere Autoren ließ auch ich mich von meiner eigenen, gelebten Realität inspirieren, wobei dieser Roman weniger aus dem Gefühl der Inspiration heraus entsprang, als mehr aus dem Gefühl, zu platzen, wenn ich diese Geschichte nicht aus mir heraus in die Welt brächte. Und dabei war es nicht einmal der körperlich gewalttätige Übergriff, den ich erleben musste, der den sogenannten Kickstart für den Roman darstellte. Sondern die Reaktionen von den nächsten Menschen aus dem Dorf, in dem ich lebte, auf mein endliches Zur-Wehr-Setzen gegen einen Mann, der schon seit langer Zeit alle erdenklichen Grenzen überschritten und mich am Ende tatsächlich verletzt hatte. Nicht der Mann, der Gewalttäter, wurde geächtet und ausgeschlossen - sondern ich, die Betroffene; die Frau, die endlich Nein gesagt hatte.

Ich litt sehr. Sowohl unmittelbar nach dem Übergriff, als auch nach der Veröffentlichung des Romans. Ich litt unter all dem Hass und der Abwehr, die mir aus meiner unmittelbaren Umgebung entgegenschlugen, entfacht und befeuert nicht nur durch die Presse, sondern vor allem durch die Geschichten eines Mannes. Eines Mannes, der durchs Dorf lief, sich einerseits den Schuh des Lolli anzog, andererseits förmlich an jede Haustüre klopfte, um den Menschen, die sich hinter ihnen verbargen, die diffamierendsten und entwürdigendsten Lügengeschichten über Antonia Katharina Tessnow zu erzählen. Die Menschen hörten auf, mich zu grüßen, wenn ich ihnen begegnete. Manche wandten sich schon ab, wenn sie nur mein Auto die Dorfstraße entlangfahren sahen.

Die Ablehnung, die mir entgegentrat, quälte mich täglich. Ich wollte weg aus diesem Dorf, doch mir fehlten die Kraft und der Mut, ein neues Leben an einem neuen Ort aufzubauen. So sah ich keine Möglichkeiten, dort weg zu kommen und mir fehlten die Mittel, welche die Voraussetzungen dafür gewesen wären, ein neues Haus an einem neuen Ort zu kaufen. Denn das einzige, was mich am Gehen hielt, war der Wunsch, meinen allerletzten Traum zu verwirklichen: Ein Leben allein mit meinen Tieren. Das ging in meiner finanziellen Situation nur dort, wo ich jetzt war mit dem, was ich zu diesem Zeitpunkt hatte. Es war zum Verzweifeln.

Im Gegensatz zur Rufmordkampagne in meiner nächsten Umgebung entschied ich mich für den Rückzug und das Schweigen. Ich hielt mich auch von Freunden aus dem Dorf fern, um niemanden in diesen Sumpf von Zeitungsartikeln, Klagen und unendlich scheinenden Lügengeschichten, die über mich kursierten, hineinzuziehen. Ich litt im Stillen. Und ich litt sehr, plagte mich mit Schuldgefühlen, die mir einhämmerten, alles falsch gemacht und mein Elend wohl verdient zu haben, machte mir Vorwürfe über das Buch, das Zur-Wehr-Setzen, das Nein-Sagen, und lehnte mich zeitweise selbst über alle Maßen ab.

Heute weiß ich, dass ich in einem selbstgeschaffenen Gefängnis gelebt habe; dass ich nicht nur all meinen Gedanken zur Situation Macht über mich gegeben hatte, sondern vor allem dem, was ER mir versucht hat einzutrichtern und weiszumachen. All den Drohungen, all dem Hass, all der Zerstörungswut, die von seiner Seite in mein Leben und meine Seele schwappten, habe ich Raum in mir gegeben. Ich habe all dem erlaubt, mich zu beeinflussen: meine Gefühle, meine Gedanken, meinen Geist. Allein darum war die Situation für mich lange Zeit sehr schwer zu ertragen.

Erst im Nachhinein, Jahre später und im Zuge seiner Diagnose, habe ich verstanden, dass ich selber einen großen Teil meines seelischen Leidens entschieden habe, dass ich innerlich ja gesagt hatte zu den Meinungen und Gefühlen anderer mir gegenüber, und deshalb diese Situation als so quälend und als so unaushaltbar wahrnahm und erlebte: Weil ich *ihm* geglaubt habe. Weil ich *den anderen* um mich herum geglaubt habe. Weil ich *seinen* Anfeindungen, *seinem* Hass, *seinen* Lügen und *der Haltung und Meinung anderer* mir gegenüber Glauben geschenkt habe.

Ich habe ihm geglaubt, als er sagte, alle Menschen seien gegen mich.

Ich habe ihm geglaubt, als er meinte, das einzige was ich tun könnte, sei hier wegzuziehen.

Ich habe ihm geglaubt, als er meinte, kein Mensch würde jemals wieder etwas mit mir zu tun haben wollen.

Ich habe ihm geglaubt, als er sich von mir abgewandt hat, als er begann, mich bösartigst zu bekämpfen, mich anzugreifen.

Ich habe geglaubt, dass sein Versuch, mich zu vernichten, richtig war.

Ich habe den anderen geglaubt, die sich von mir abwandten, mich nicht mehr grüßten, ihre Ablehnung mir gegenüber zur Schau trugen.

Ich habe ihnen geglaubt, als sie den Kontakt zu mir abbrachen, mich nicht mehr sehen wollten, verächtlich auf mich niederblickten.

Ich habe geglaubt, dass sie das Richtige tun und ich das Falsche.

Ich habe geglaubt, dass sie Recht haben und ich nicht.

Und das ist eine Falle.

Die Falle für Menschen, die sich in die Lage eines anderen versetzen können. Und wenn der andere ein psychischer, emotionaler und/oder seelischer Gewalttäter ist, man sich jedoch gleichzeitig in seine Lage versetzen kann und seine Gefühle und Gedanken versteht, läuft man Gefahr, diesen Gewalttaten, die gegen einen verübt werden, zu glauben. Ja, mehr noch: Sie zu rechtfertigen und dem anderen einzuräumen, dass er das Richtige tut. Das alles geschieht ganz automatisch, ohne sich selbst, seine Gefühle und Gedanken mit einzubeziehen; und ohne den eigenen Wert zu kennen.

Womit wir bei dem wichtigsten Punkt sind, der mich überhaupt dazu bewogen hat, diesen Kommentar zu schreiben und diese gesamte Geschichte zu offenbaren:

An alle Betroffenen, an alle Verletzten, an alle Niedergedrückten, an alle Ausgestoßenen, an alle Selbstzweifler, an alle Schmerzerfüllten, an alle Hoffnungslosen und an alle an sich selbst und an der Welt Leidenden - Euer Wert ändert sich nicht, egal wie andere Menschen euch behandeln!

Es gibt eine alte Geschichte, eine Metapher, über Wert und Behandlung:

Ein 20-Dollar-Schein, der frisch aus der Presse kommt, hat einen Wert von 20 Dollar. Man kann ihn zerknüllen, man kann auf ihn treten, man kann auf ihn spucken und man kann ihn verachten - doch nimmt man ihn wieder in die Hand, dann hat dieser 20-Dollar-Schein nach wie vor einen Wert von 20 Dollar - und nicht einen Cent weniger. Er ist derselbe 20-Dollar-Schein, der frisch aus der Presse kam und einst unversehrt aussah. Egal, was passiert und wie er behandelt wird: Sein Wert ändert sich nicht!

Das Gleiche gilt für uns Menschen: Egal, was wir erleben auf dieser Welt, egal durch welche Erfahrungen wir geschickt werden - Anfeindungen, Niederträchtigkeiten, gesellschaftliche Ausschlüsse, Bösartigkeiten, Hass - *unser Wert ändert sich nicht*.

Es ist schwer, sich den eigenen Selbstwert ins Bewusstsein zu holen, wenn man ihn nicht fühlen kann. Ich weiß, wovon ich rede.

Selbstwert beginnt im Bewusstsein; Selbstannahme beginnt im Geiste. Die Außenwelt spielt dabei im Grunde genommen keine Rolle. Die Ablehnung anderer trifft uns nur, wenn wir uns selbst ablehnen. Die Feindseligkeit anderer nur dann, wenn wir uns selbst ein Feind sind. Der Hass anderer trifft uns nur, wenn wir uns irgendwo, in den Tiefen unserer Seele, selber hassen.

Doch nur, weil der eigene Selbstwert schwach ist, rechtfertigt es nicht, Ungerechtigkeiten, Niederträchtigkeiten und Gewalt - egal ob in seelischer, geistiger oder physischer Form - zu ertragen.

Wartet nicht darauf, bis ein anderer Euch gibt, was Euch innerlich fehlt; bis ein anderer Eure eigene innere Leere füllt. Sagt selbst ja zu Euch. Und Euer Leben wird sich ändern. Grundlegend.

Steht auf! Steht für Euch ein! Steht für Euer Recht ein, wertgeschätzt zu werden und macht Euch stark für Euch selber! Wartet nicht darauf, dass es ein anderer tut. Duldet keine Gewalt, in keiner Form. Und wenn der Moment, in dem Ihr gegen jede Art der Gewalt aufsteht, zur Folge hat, dass es Menschen gibt, die sich von Euch abwenden, dann bezahlt diesen Preis gerne und lasst diese Menschen aus Eurem Leben gehen! Es sind lediglich die Mitläufer, die Hetzer, die Angepassten, die Maulhalter, die Nach-Dem-Munde-Reder, die Dabei-Sein-Woller, die In-Der-Masse-Verschwinder, die Ängstlichen, die einen Menschen, der aufsteht, der für sich selbst einsteht und Nein sagt, ablehnen.

Es gibt Momente im Leben, wo sich Wege scheiden und man erkennt, dass man sich in einigen Menschen getäuscht hat;
dass sie doch mehr Mitläufer sind, als man dachte;
dass sie doch mehr Hetzer sind, als man vermutet hat;
dass sie doch angepasster sind, feiger, ängstlicher, schwächer.
Doch das ist ihr Problem, nicht das Eure. Und es rechtfertigt keine schlechte Behandlung!

Lasst diese Menschen gehen und bleibt Euch selber treu. Schätzt Euch wert! Seid es Euch wert, aufzustehen und bestimmte Verhaltensweisen, bestimmte Umgangsweisen, bestimmte Gewalttätigkeiten, nicht zu dulden. Macht Euch stark! Macht die Liebe in Euch stark, für Euch, zu Euch! Denn wenn Ihr Liebe, Selbstwert, Anerkennung und Respekt für Euch selbst *in* Euch tragt, wenn ihr Euch selbst *in* Euch etabliert und *in* Euch Heimat findet, dann kann Euch die Welt - die anderen - nichts mehr anhaben. Und darüber hinaus könnt Ihr all diese Dinge und Gefühle in die Welt einbringen. Erst dann könnt Ihr Selbstwertgefühle, Mut, Achtung und wahre Liebe für sich und den Nächsten auch geben. Denn man kann nur geben, was man hat.

Die Arbeit an sich selbst ist so wertvoll, da sie das Leben nicht nur bereichert, sondern wertvoller und gehaltvoller macht; und das nicht nur für Euch, sondern für alle!

Ihr seid wundervolle Menschen! Jeder einzelne von Euch.

Ihr seid nicht ohne Grund auf dieser Welt. Jeder von Euch ist einmalig. Es gibt niemanden wie Dich ein zweites Mal.

Erkenne Dich an! Erkenne das Wunder Deiner Existenz, Deines Lebens. Erkenne die Gaben, die Dir gegeben sind.

Sei dankbar und vergleiche Dich nicht.

Glaube nicht den Lügen eines anderen Menschen über Dich, der Dir bewusst machen möchte, Du seist nichts wert. Geschichten über Deine angebliche Wertlosigkeit sind immer Lügen, egal ob diese Lügen von außen oder Deinem eigenen Innern kommen.

Sei wachsam.

Sei gnädig zu Dir und vergebe Dir.

Liebe Dich.

Denn Du bist es wert!

Damals, als die Sonne noch schien -
oder: Ein Leben in der Dunkelheit ist keine Option

Einblick eines Betroffenen

"Was ist die Essenz dieses Buches?

Wenn man sich fragt, was eigentlich die Essenz des gesamten Falles *Breakable* ist, dann gibt es anfänglich zwei verschiedene Fragen und im Weiteren zwei unterschiedliche Perspektiven:

- Zunächst war für die Autorin, glaube ich, relevant, *warum* sie eigentlich das Buch geschrieben hat. Anfangs hat sie es nicht genau gewusst und in einem Zeitungsartikel gesagt, sie hätte sich erst einmal alles von der Seele geschrieben. Okay. Die zweite Frage, die sich jedoch stellt, ist:

- Warum hat sie das Buch veröffentlicht?

Es war ihr wichtig, das ihr angetane Unrecht in die Welt zu bringen. Sie wollte sich eine Stimme verschaffen, aufklären, nicht alles unkommentiert im Raum stehen lassen.
Als sie dann diese Buchlesung im Teterower Gemeindezentrum hatte, haben ihr Frauen berichtet, dass Antonia ihnen aus der Seele geschrieben hat. Dass sie sich in diesem Buch wiedergefunden haben. Spätestens da wusste sie ganz genau, warum sie dieses Buch geschrieben *und* veröffentlicht hat - denn plötzlich hatte dieses Buch einen Nutzen; einen Nutzen nicht nur für sie, sondern auch für andere, für Betroffene. Für Menschen wie sie selbst.

Doch was ist der Nutzen dieses Buches?

Es zeigt vor allen Dingen auf, wohin es führen kann, wenn man nicht rechtzeitig Grenzen setzt.

Hier zeigt sich die erste Perspektive, würde ich sagen.

- Aus Sicht der Frau heißt Grenzen setzen, rechtzeitig zu schauen, ob eine Beziehung gut tut oder ob sie krank macht. Und da gibt es die emotionale, die psychologische und die physische Komponente.

Die Abwägung vieler Menschen ist: Besser eine schlechte Beziehung als gar keine. Bei ihrem Beziehungsversuch und der daran gekoppelten leidvollen Erfahrung hat Antonia jedoch erkannt, dass es eher andersherum ist: Lieber keine Beziehung als eine schlechte. Und eine schlechte Beziehung ist eine, die einem emotional, psychisch oder sogar physisch schadet.

Die Kraft zu haben, eine solche destruktive Beziehung zu beenden, ist das eine. Darüber hinaus jedoch noch den Mut zu haben, diese Erfahrung, dieses Wissen darum, was alles passieren kann, weiterzugeben - in allgemeiner Form, ohne Namen zu nennen - erfordert noch einmal eine ganz andere Dimension an Mut. Und diesen Mut hat die Autorin gehabt. Diesen Mut könnte man vielen Frauen wünschen. Nicht nur hier in Deutschland, sondern überall auf der Welt.

Obwohl Deutschland ein so zivilisiertes Land ist, steht Gewalt gegen Frauen noch immer an der Tagesordnung. Es passiert immer wieder, dass Frauen geschlagen werden oder Eltern ihr Kind zu Tode schütteln. Aber warum passiert all das?

Weil man emotional und psychisch vollkommen überfordert ist. Und da kommen wir zum zweiten Teil der Beantwortung dieser Frage, was die zweite Perspektive dieses Buches ist. Und diese betrifft die Männer.

Die Rezension auf Amazon unter dem Titel 'Ein psychodramatisches Lehrstück für selbstschädigend liebende Frauen und mutterbesetzte hilflose Männer' spricht mir aus der Seele. Denn auch ich empfinde das Buch als eine Art psychologisches Lehrstück. Als Mann kann man aus diesem Buch nämlich ebenfalls erkennen, wohin es führen kann, wenn man nicht rechtzeitig Grenzen setzt.

Eben dasselbe, was ich vorhin schon in Bezug auf Frauen meinte, gilt demnach auch für Männer: Es geht um das Setzen von Grenzen. Aber hier ist die Grenze anders.

Es kann sein, dass Du in einer häuslichen Lebenssituation gefangen bist, die sich ursprünglich mal zu Deinem Besten, zu Deinem Wohlwollen, in Deinem Leben eingefunden hat - weil Deine Mutter Dich behüten wollte.

Es gibt im Öffentlichen Recht das sogenannte Übermaßverbot. Man darf zum Beispiel keine Verkehrszeichen mit Geschwindigkeitsbeschränkungen an Orten anbringen, an denen es nicht notwendig ist. Eine mütterliche Behütung darf auch nicht über ein gewisses Übermaß hinausgehen. Es scheint aber einigen Müttern sehr schwer zu fallen, solch ein Maß zu finden.

Wenn dieses Maß jedoch irgendwann kontinuierlich überschritten wird, wird aus der Behütung ein Gefängnis. Und zwar nicht nur ein leeres, einsames

Gefängnis, sondern ein Gefängnis mit einer Gefängnisaufseherin.

Einer die 'weiß, wo es langgeht'.

Einer, die weiß, 'was für einen am besten ist'.

Spätestens dann, wenn jemand ins Leben dieses Mannes tritt - nämlich eine Frau für einen solchen Mann - *muss* es zu ernsthaften, gravierenden Konfliktsituationen kommen. Dann muss der Mann sich entscheiden: Bleibe ich im Gefängnis oder trete ich heraus? Das kann aber zu einem Zeitpunkt gefordert sein, wo die Strukturen schon längst so verhärtet sind, dass der Mann nicht mehr einfach heraustreten kann, sondern *ausbrechen* muss. Zu dem Preis, dass die Mutter, die Gefängnisaufseherin, die sich längst an dieses Leben und an ihre selbstgeschaffene Rolle gewöhnt hat, verletzt werden *muss*.

Da ihre Rolle vom Sohn immer wieder bestätigt wurde, ja sie von ihm sogar als wort- und naturgegeben anerkannt worden ist, fühlt sich diese Mutter zurückgewiesen, undankbar behandelt und zurückgelassen - weil sich der Sohn plötzlich von ihr abwendet.

Diesen Schmerz bekommt der Sohn ganz direkt vermittelt, indem es der Mutter logischerweise schlechtgeht. Offenkundig, demonstrativ schlechtgeht. Obwohl diese ganze Konstruktion längst am Thema vorbei ist und den Beteiligten schon lange nicht mehr klar ist, um was es ursprünglich eigentlich ging - nämlich um die wohlwollende Behütung einer Mutter ihrem einstmals hilflosen, unmündigem Kind gegenüber - wird dieses Konstrukt aufrecht erhalten und sogar verteidigt.

Thema verfehlt würde man im Deutschaufsatz schreiben.

Und genau hier offenbart sich die Problematik: Der Moment, an dem eine Art von Grenzziehung hätte stattfinden müssen, wurde verpasst. Diese Männer sind an einem viel zu späten Punkt ihres Lebens gefragt, das Bewusstsein zu entwickeln, welche Art von Grenzziehung notwendig ist, um frei leben zu können. Das ist ganz schwer - für mich war es jedenfalls sehr schwer. So eine Grenze würde ich immer nur nach objektiven Kriterien bestimmen können - nicht nach emotionalen; sonst wirst Du wahnsinnig; sonst schmeißt Du dich irgendwann von einer Brücke.

Der eigenen Mutter Grenzen zu setzen, hört sich so einfach an, ist es aber überhaupt nicht. Wenn man es nämlich nicht schafft, diese Grenze irgendwann zu setzen, dann wird nicht nur die Frau des Lebens / die Gelegenheit des Lebens verpasst sein, sondern es ist sogar eine große Wahrscheinlichkeit, dass Du auf Grund extremer Unzufriedenheit eine gewisse Aggression aufbaust und - wenn Du den Ausgang nicht finden kannst - Dein Gefängnis freiwillig noch mit einer großen, starken Betonschicht umgibst.

In diesem selbsterrichteten Bunker wirst du langfristig elendig verrecken. Deine Gefängnisaufseherin kann Dir dann auch nicht mehr helfen. Im Zweifelsfall wirst Du einfach vor Dich dahinsiechen; oder Du springst von irgendeiner Brücke, die Du noch aufsuchen kannst, bevor der Bunker komplett eingegossen ist.

Wenn er aber erst mal zu ist, dann kriegst Du nicht einmal mehr hin, dich selbst umzubringen. Dann hilft nur noch die tödliche Krankheit, um Dich aus dieser Situation zu erlösen.

Bücher wie Breakable - Zerbrechlich öffnen einem die Augen. Jedenfalls haben sie meine geöffnet. Ohne dieses Buch wäre ich mir meiner Lebenssituation nie so bewusst geworden; und ohne den Kläger und seine tragische Geschichte würde ich bis heute in diesem häuslichen Bunker leben, ohne mir darüber klar zu sein, wie Lebens-wichtig es ist, den Ausgang zu finden."

Ferdinand S.

Un-möglichkeit und Möglichkeit -
oder: Von der Wichtigkeit, sich selbst zu lieben

Aussicht für Betroffene

Es wird viel über narzistischen Missbrauch gesprochen, geschrieben und ge-youtubed. Das Netz ist voll davon. Doch nichts findet man über die Rolle der Frau an der Seite von Männern, die ein Leben lang von ihren eigenen Müttern narzistisch missbraucht wurden.

Was ist narzistischer Missbrauch?

Ich möchte hierzu keine lange Analyse schreiben, nur eine kurze Erläuterung: Narzistischer Missbrauch beschreibt das Befriedigen der eigenen Bedürfnisse durch die In-Besitznahme und Funktionalisierung einer anderen Person. Oder auch die Instrumentalisierung einer anderen Person, die zur Befriedigung der eigenen Bedürfnisse missbraucht wird. Die Mechanismen solch einer Instrumentalisierung / narzistischen Missbrauchs sind unter anderem

- Einimpfen von Schuldgefühlen gegenüber jeder individuellen Regung
- Beschimpfungen, Diffamierungen, Mobbing
- Drohungen, Lügen, das Verdrehen von Worten, Entstellen der Wahrheit
- Entwerten und Abwerten der Gefühle des anderen
- Leere Versprechungen, das Isolieren des anderen, permanentes Überschreiten von Grenzen, emotionale Erpressung

28

Nicht selten zieht der narzistische Missbrauch die Zersetzung der Persönlichkeit im Missbrauchten nach sich. Wenn der narzistische Missbrauch von Müttern ihren Söhnen gegenüber verübt wird, entsteht - wie Arno Gruen schon schrieb - ein Abhängigkeitsverhältnis vom Unterdrückten zum Unterdrücker.

Wie kommt es zu dem Verhalten solcher Mütter?

Diese Mütter leben in Symbiose mit ihren Kindern, was bedeutet: sie sind das Kind und das Kind sind sie. Es hat nie eine Trennung dieser beiden Individuen stattgefunden, weshalb das Denken und Fühlen dieser beiden Menschen gleichgeschaltet ist und bleiben muss. Jede eigene Gefühlsregung des Kindes - selbst wenn das Kind schon lange erwachsen ist - wird als Trennung und damit als unerträglich empfunden, quasi als *Fall aus dem Paradies*. Die Psychoanalyse definiert den Begriff des 'Ozeanischen Gefühls' als das ursprüngliche Gefühl des *Einsseins mit Allem*. Der Verlust des *Einsseins mit Allem*, des pränatalen Ozeanischen Gefühls, wird in der Bibel als der Fall aus dem Paradies beschrieben.

Sobald also das 'Kind' - egal ob 5 oder 50 Jahre - eigene Regungen zeigt, eigene Gedanken hat, mit eigenen Ideen und Lebensentwürfen spielt - gegebenenfalls sogar eine eigene Liebe außerhalb der Mutter-Sohn-Symbiose findet - kämpfen diese Mütter um ihr Leben, weil sie das Gefühl haben, 'aus dem Paradies vertrieben zu werden'. Und gegen den Fall aus dem Paradies wehren sie sich mit allem, was ihnen zur Verfügung steht, kämpfen gegen ihn an, als ginge es um ihr Leben - was in ihrem Bewusstsein tatsächlich so ist. Sie werden alles tun, um den Fall aus dem Paradies, das bedeutet: die Trennung aus der Symbiose mit ihrem 'Kind', zu verhindern. Die Angst vor dem Verlust dieses Ozeanischen Gefühls, des *Einsseins mit Allem*, das auf die Bindung zum Kind projiziert und durch die Symbiose gelebt wird, ist bei diesen Müttern gleichzusetzen mit der Angst vor Sterben und Tod. Kommt also etwas - oder jemand - in das Leben dieser beiden, nicht voneinander getrennten Individuen, muss dieser jemand vernichtet werden, um das eigene Überleben zu sichern.

Was macht das mit den Männern und wie gestalten sich deren Beziehungen zu Frauen?

Eine lebenslang zersetzte und gestörte Persönlichkeitsstruktur, der

- jeder eigene Willensimpuls aberkannt wurde
- jeder Impuls zur Selbstentfaltung und Selbstentwicklung aberzogen wurde
- jede Regung in Richtung der eigenen inneren Neigungen und Werte vernichtet wurde

findet in sich selbst keine Grundlage einer eigenen Haltung der Welt gegenüber.

Denn

- an die Stelle von persönlicher Entwicklung trat Hörigkeit
- an die Stelle eigener Meinungen - eingeimpfte Vorstellungen desjenigen, dem sie unterworfen waren und meist noch sind
- an die Stelle persönlicher Regungen und Neigungen - Schuldgefühle.

Eine eigene Persönlichkeit kann nicht reifen, wenn sie permanent unterwandert, unterminiert, nicht erlaubt und wegdiskutiert wird.

Männer, die ihre unnatürliche Bindung an ihre Mütter, ihre Lebenssituation und ihr daraus resultierendes So-Sein niemals hinterfragt oder therapeutisch aufgearbeitet haben, können sich in der Regel nicht als selbstständige Personen wahrnehmen. Das Gestalten einer eigenständigen, befriedigenden Beziehung ist für diese Männer meist nicht möglich

Kann man helfen?

Da man leider nur Menschen helfen kann, die selber erkannt haben, dass eine solche Historie wie die ihre grundlegende, fundamentale Schäden angerichtet hat, ist ihnen nur schwer zu helfen. Ohne therapeutische Hilfe, ohne psychoenergetische Prozesse, ohne Interventionen und Hilfestellungen von außen, können diese großen Lebens-Themen meist nicht gelöst werden. Dafür hat sich das gesamte So-Sein dieser Männer zu sehr an der narzistisch-krankhaften Persönlichkeit ihrer Mütter orientiert. Da die Persönlichkeitsstruktur äquivalent zur Störung der Mütter gewachsen ist, setzt sie sich heute aus den Fragmenten dessen zusammen, was diese überstarke, symbiotisch erzwungene Bindung an ihre Mütter von ihnen übrig gelassen hat. Das, was einst die Persönlichkeit dieser Männer, die sie auf diese Welt mitbrachten, ausmachte bzw. hätte ausmachen können, wurde ihnen aberzogen, ja verboten. Sie haben sich im Zuge des Missbrauchs ihre eigenen Werte, Gedanken, Gefühle und Regungen mit derselben Vehemenz verboten, mit der sie einst von den Müttern regiert wurden und oftmals ein Leben lang regiert werden. Was übrig ist, sind meist nicht mehr als Fragmente, Bruchstücke, zusammenhangslose Einzelteile.

Es bedarf fundamentaler Therapien, um *das* auszuheilen, was ihnen angetan wurde; um dann - und zwar *erst dann* - zu schauen und herauszuarbeiten, wer *sie* eigentlich selber sind. Darüber hinaus nachzuholen, was an Entwicklung versäumt wurde, ist schlicht unmöglich und nur teilweise im Nachhinein erlernbar.

Seinen eigenen Raum zu haben und als höchste Form der Selbständigkeit in den eigenen vier Wänden mit dem eigenen Fernseher zu sitzen, hat das Problem in der Gesamtheit, im Ursprung, nicht gelöst. Die Wunden in der Seele und die Störungen in der Persönlichkeit, die durch einen lebenslangen Missbrauch entstanden, sind dadurch nicht ausgeheilt, die Verwirklichung des eigenen Selbst dadurch nicht ersetzt. Zudem gleicht es die fehlende Persönlichkeitsentwicklung nicht aus. Beziehungsfähig sind solche Männer in der Regel nicht.

Warum gestalten sich Beziehungen zu solchen Männern so kompliziert?

Wird das hinter dem Lebens- und Verhaltensmuster liegende Thema nicht ins Bewusstsein geholt, setzt hier ein Mechanismus ein, der in der Psychologie als *Projektion* bekannt ist. Die *Projektion* setzt automatisch immer dann ein, wenn die betroffene Person ein neues Gegenüber, gleichgeschlechtlich zur Mutter, vor sich hat. So werden Frauen an der Seite dieser Männer in eine Rolle gezwungen, die sie überhaupt nicht innehaben und auch gar nicht wollen. Das Resultat einer unbewusst ablaufenden Projektion kann somit zwangsläufig nur sein, dass eine Frau automatisch in die Rolle der Autoritären, der Missbrauchenden, der Überstarken, der Lieblosen, der Ausbeuterischen gedrückt wird - egal ob sie wirklich so ist oder nicht. Ehe es sich die Frau versieht, findet sie sich stellvertretend für die Mutter bekämpft, beschimpft, bestraft, verlassen und vernichtet; im Bewusstsein der Männer: zu Recht. Darüber hinaus geben diese Projektionen den Männern die Möglichkeit, endlich *das* in der Welt zu bekämpfen, was sie nie bekämpfen konnten und wogegen sie nie ankamen: Ihre Mutter.

Die Mütter, die im Selbstverständnis dieser Männer mit der Ungeeignetheit ihrer Frauen natürlich nichts zu tun haben, werden ihre Söhne in der Annahme der Schrecklichkeit ihrer Partnerinnen *immer* bestätigen. Womit die Symbiose, die dem *einen* verbietet, anders als der *andere* zu denken und zu fühlen, abermals bestätigt und erneut erlebt wird.

Nicola ist ein ganz lebendiges und klares Beispiel für eine Frau an der Seite eines lebenslang narzistisch missbrauchen Mannes, der mehr projiziert als selbst wahrnimmt. Der lebenslang aufgestaute Hass seiner Mutter gegenüber entlud sich am Ende an Nicola.

Und ich bin ein weiteres Beispiel einer Frau, die von einem - nach meiner Einschätzung - lebenslang narzistisch missbrauchten Mann angefeindet wurde. Einer, der sich selbst im Buch erkannte, und sich offenbar mit seinem Leben, ja mit sich selbst konfrontiert sah - was er wohl nicht ertragen konnte. All das, was an Vernichtungsversuchen von diesem Mann ausging, die Klage, die Strafanträge, Lügengeschichten, Diffamierungen - mögen die Auswirkungen dessen sein, was ihm angetan und nie bearbeitet wurde. So etwas passiert, wenn man entweder

A - im Falle Nicola keine Grenzen setzt und den Absprung nicht schafft, oder

B - im Falle von mir diese Problematik ganz offen thematisiert

Die Aussichten

Hat der Mann Einsicht in seine Situation, sind die Chancen für eine zukünftige Kommunikation und Beziehungsbildung möglicherweise gegeben, wenn sie sich auch eher schwierig gestalten werden.

Männer jedoch, die aus irgendwelchen Gründen nicht in der Lage sind, sich ihre eigenen Lebensthemen ins Bewusstsein zu holen und sich ihnen zu stellen, sind schwer beziehungsfähig. Die Wahrscheinlichkeit, dass sie zerstörerisch, beleidigend und angriffslustig werden, sprich: Das Erbe ihrer Mütter antreten, ist hoch. Im Ergebnis werden sie versuchen, all das zu vernichten, was sie nie verarbeitet haben und nun auf ihr Gegenüber projizieren.

Oder sie zerstören sich am Ende selbst, um ihrem Lebensleiden zu entkommen. Das kann entweder ganz offensiv geschehen, in Form von aktiven Handlungen; oder die Selbstzerstörung vollzieht sich mit derselben passiv-aggressiven Grundhaltung, die sie schon ihrem Leben gegenüber innehatten. Ferdinand S. beschrieb diese Form der Selbstzerstörung mit der Flucht in die Krankheit als letzten Ausweg.

Das einzige, was eine Frau im Leben eines solchen Mannes davor bewahren und beschützen kann, unbewusst von ihm in die Rolle der missbräuchlichen Mutter gedrängt und am Ende stellvertretend für sie vernichtet zu werden, ist eine Abkehr von diesem Mann. Die Abkehr von der zerstörerischen Lebenssituation und eine Hinwendung zum eigenen Leben und der Liebe zu sich selbst.

Zu all dem kommt noch ein bedeutender Aspekt, der in diesen Fällen oft übersehen wird:

Männer, dessen Mütter ein Leben lang um sie kreisten wie ein Planet um ein Zentralgestirn, und deren Leben von der Anwesenheit ihres Sohnes abhing und noch immer abhängt, neigen tendenziell zur Egozentrik. Denn trotz all des Missbrauchs sind sich diese Männer sehr bewusst darüber, dass ihr Gegenüber ohne sie nicht leben kann und will, nicht existenzfähig ist, in vielen Fällen ohne sie schon lange gestorben wäre. Jedenfalls nach den Suggestionen der Mutter zu urteilen. Denn das ganze Leben ihrer Mütter drehte und dreht sich um die symbiotische Beziehung zu ihnen - auch wenn diese zerstörerischen Charakter hat.

Zieht man nun den Mechanismus der Projektion heran, so wird schnell klar, dass diese Männer einen eben solchen Absolutheitsanspruch an Aufmerksamkeit auch von ihrem neuen Gegenüber - einer Frau - erwarten. Unbewusst! Es wird sich jedoch kein Leben einer Frau in dieser Ausschließlichkeit um einen Mann drehen, wie das einer narzistisch missbrauchenden Mutter, die 'ohne ihn nicht leben kann' aus Angst vor dem 'Fall aus dem Paradies'. Konflikte, die sich daraus ergeben, dass ihr Absolutheitsanspruch an Aufmerksamkeit nicht in dem gewohnten Umfang bedient wird, sind beinahe vorprogrammiert.

Im Buch forderte Lolli von Nicola quasi den 100%igen Fokus auf ihn bei gleichzeitiger Isolation in der alten Köhlerkate. Währenddessen lebte er jedoch mit seiner Mutter auf dem Hof, ohne darin einen Anstoß und/oder ein Hindernis für die Beziehung zu sehen. Jedes Abweichen des Fokus' von Nicola allerdings, sprich: Treffen und Kontakt zu anderen - wurden auf dieselbe Weise abgestraft, wie die Mutter ein Heraustreten aus der Mutter-Sohn-Symbiose bestrafen würde; das bedeutet in dem Fall von Lolli und Nicola: Mit Verachtung, Vorwürfen, Schuldzuweisungen und Lügen in Form von Unterstellungen (z.B. 'Wo warst Du in der Silvesternacht?') die dem Mann das Recht geben, zu bestrafen und zu verlassen. Oder zu vernichten.

*

Ihr, als Frauen, als Betroffene, müsst Euch die Frage stellen: Wollt Ihr Euch als Projektionsfläche hergeben? Wollt Ihr Euer Leben, Eure liebevolle Natur, Euren über Zeiten gewachsenen Charakter, Eure hart erarbeitete Persönlichkeit - wollt Ihr all das als Projektionsfläche einem Mann zur Verfügung stellen, der jede Form der Selbstentwicklung und jede Form der wirklichen therapeutischen Ansätze für sich und sein Thema abwehrt, ablehnt und bekämpft? Und Euch obendrein stellvertretend für seine Mutter vernichten will? Wollt Ihr das?

Den betroffenen Frauen an der Seite solcher Männer rate ich dringend zu tun, was weder eine Nicola im Buch geschafft hat, noch ein Lolli gegenüber seiner Mutter: setzt klare Grenzen, dreht Euch um, geht ins eigene Leben und gestaltet dieses aktiv nach eigenen Vorstellungen und Wünschen.

Denn alles, was Frauen davor schützen kann, für all das bestraft zu werden, was diesen Männern ein Leben lang von ihren Müttern angetan wurde, ist zu sich selbst zu stehen. Den Preis für

- die Zersetzung der Persönlichkeit dieser Männer

- für das gestohlene und versäumte Leben
- für das Zerstören ihrer persönlichen Interessen und Freuden, Freundeskreise, Liebesbeziehungen, ja
- für ihr ganzes kaputtes und vollkommen abhängig von dieser Mutter gelebten Lebens

habt Ihr - liebe Frauen - *nicht* zu bezahlen. Das ist nicht Eure Aufgabe. Bürdet sie Euch nicht auf! Denn am Ende steht kein Lohn, sondern das Bestraftwerden, Bekämpftwerden und Kaputtgemachtwerden von euch, die an Stelle der ehemaligen Unterdrückerin mit ihrem Leben bezahlen wird.

*

'Liebe Deinen Nächsten *wie Dich selbst*' ist die Aufforderung des Jesus im neuen Testament an uns alle. Ein scheinbar einfach anmutender Satz, der jedoch schwer umzusetzen ist, nicht weil wir unseren Nächsten, sondern uns selbst vergessen, nicht schätzen, nicht ernst nehmen, einfach hintenanstellen.

Seid es Euch wert, von Euch selbst geliebt zu werden. Zieht die Liebe von dem anderen, missbrauchenden, zerstörenden, erkenntnis-abwehrenden Menschen ab und gebt die Liebe, die Ihr hofft, in der Welt zu finden, Euch selbst!

Verhärtet Euch nicht! Seid achtsam Euren eigenen Gedanken und Gefühlen gegenüber, denn sie können einen Menschen von innen her zerfressen - wie ebenfalls aus dieser tragischen Geschichte zu ersehen ist. Behandelt Euch gut. Macht, was Euch Freude macht. Haltet Euch an die, die Euch wohl gesonnen sind und

Euch mögen. Und lasst die anderen gehen. Sie sind nicht für Euch bestimmt.

Laut der indischen Philosophie des Hatha-Yoga ist Akzeptanz der erste Schritt zur Erleuchtung. Auch wenn wir vielleicht die Erleuchtung in diesem Leben nicht erlangen, so ist doch das Annehmen und Akzeptieren von allem, was für uns zum Erleben bestimmt ist, ein großer und wichtiger Schritt auf dem Weg zu echtem Seelenheil und -frieden. Alles anzunehmen bedeutet jedoch nicht, alles zu erdulden! Ihr dürft zu Ungerechtigkeiten und schlechter Behandlung Nein sagen!

Wir dürfen - nein, wir sollten - uns an diesem Leben auch erfreuen! Denn trotz all der zerplatzen Träume und dem durchlebten Leid sollte man nicht vergessen, dass dieses Leben wundervoll sein kann. Darum:

Lasst los, was Euch nicht glücklich macht.

Und lebt - in Frieden.

Finales Resümee -
oder: Nichts geschieht umsonst auf dieser Welt

Ein Nachruf

Das finale Resümee dieser gesamten Geschichte ist tatsächlich in dem kurzen, schon in der Überschrift erwähnten Satz, zusammenzufassen: Nichts geschieht umsonst auf dieser Welt.

Ohne die Geschichte des Lolli, die in dem Buch Breakable als Roman niedergeschrieben ist, hätte und würde es nie lebendsverändernde Erkenntnisse bei Betroffenen gegeben haben. Das gilt nicht nur für Ferdinand S., der sich ebenfalls in der Figur des Lolli wiedererkannt hat, sondern für all die Männer, die sich in der Rolle des Lolli erkannt fühlen und die die Botschaft des Buches erreicht. Möge das Buch all die Betroffenen zu Erkenntnissen führen, die sie dazu befähigen werden, sich langsam aber sicher aus ihrem Bunker zu befreien.

Betroffene Frauen kamen zu mir und berichteten, dass sie nach dem Lesen dieses Buches ihre Situation überhaupt erst einmal verstanden und auf Grund dessen die nötigen Grenzen in ihrem Leben zu ziehen in der Lage waren. Und das nicht nur ihren Männern, sondern vor allem ihren Schwiegermüttern gegenüber. Möge die eine oder andere aussichtslos scheinende Partnerschaft durch dieses Buch doch noch gerettet werden; und möge die eine oder andere Frau sich durch diese beispielhafte Geschichte am Ende selbst retten.

Ich wünsche jedem von Euch, er möge versuchen, die Botschaft dieser Geschichte zu erfassen und die daraus gewonnenen Erkenntnisse in seinem Leben umzusetzen. Ich wünsche Euch, dass dieses Buch Euer Leben verändern wird und Euch dazu befähigt, bedrückende und zerstörerische Lebenssituationen zu lösen.

Ein letzter, zutiefst persönlicher Gedanke

Ich empfinde tiefe Trauer; nicht nur der leidlichen Erfahrung gegenüber, die ich in dem Buch verarbeitet habe. Sondern vor allem gegenüber *dem* Mann, den ich einst geliebt habe wie keinen anderen, der das Buch erlaubte und nie verstehen konnte, dass nichts jemals zu seinem Unheil gemeint war. Nie.

Bis heute ist mir zwar theoretisch erklärbar, jedoch meinem Herzen vollkommen unklar, warum er jeden Versuch zur Einigung abblockte; warum er sogar das Zurückziehen des Romans ablehnte, obwohl es doch das war, wofür er kämpfte. Scheinbar.

Doch vielleicht trug er einen tiefersitzenden, inneren Lebenskampf nach außen. Vielleicht konnte er keine Einigung mehr finden, weil seine Zerrissenheit, seine Wut, sein Missmut über lebensentscheidende Themen, die weit über das Buch hinausgingen, so allumfassend waren, dass es ihm Erleichterung verschaffte, all das im Außen bekämpfen zu können. Vielleicht schaffte er damit seinen Gefühlen endlich ein Ventil. Vielleicht. Wissen kann ich all dies nicht. Nur mutmaßen.

Es scheint mir jedoch eine traurige Vermutung, dass all die für ihn unfassbaren Gefühle, Emotionen, Aussichtslosigkeiten seines Lebens, für die er nie einen

Namen, geschweige denn eine Lösung fand, ihn am Ende zerfraßen. Es sieht mir so aus, als hätten sein unverarbeiteter Hass, sein Zorn, sein entfesselter Wille zur Zerstörung ihn zugrunde gerichtet. Ihn ausgezehrt. Bis kein Leben mehr in ihm war.

Die Tage nach seinem Tod war der Himmel in der Region verhangen. Unser ehemals beider Heimatdorf wirkte dunkel. Erst am Tage seiner Beisetzung klarte es auf und die Sonne schien hell und licht.

Der Preis für eine innere Verhärtung und seelische Verbitterung ist hoch. Das ist keine neue Erkenntnis. Neu für mich ist jedoch die Annahme, dass solche Gefühle einem Menschen nicht nur schaden können, sondern ihn unter gewissen Umständen sogar vernichten.

Wolf Büntig, der seit über 30 Jahren eine Rehabilitationsklinik für Krebskranke leitet, sagte in einem Interview mit Ken Jebsen auf die Frage, ob es eine Gemeinsamkeit von Menschen mit dieser Krankheit gäbe, nach längerem Zögern:

'Die Betroffenen sagen einhellig, auf die eine oder andere Weise: Ich habe immer versucht, es allen anderen recht zu machen; und worum es in meinem Leben geht, habe ich keine Ahnung. Das verbindende Element scheint das mangelnde Wissen um die Sinnhaftigkeit ihres Lebens. Das verbindet ihre Krebskrankheit. Sie haben sich nie gefragt, wozu sie da sind. Sie haben immer 'alles richtig gemacht' und versucht, anderen alles recht zu machen. Ich nenne dies das Dilemma zwischen Normopathie und Autonomie.

Diese Menschen haben sich nicht um die Ausgestaltung ihrer eigenen Begabungen zur Eigenart gekümmert, sondern haben die Norm erfüllt. Die gesellschaftliche

Norm, in der jeweiligen Umgebung, in der sie aktiv waren. Pauschal könnte man behaupten: Sie waren immer lieb, haben aber nie gelernt, zu lieben.

Es zeichnet sie eine fehlende Selbst-Behauptung, ein fehlendes Durchsetzungsvermögen, das Nicht-leben und Nicht-erfüllen des eigenen Potentials aus.'

Wenn es also eine Gemeinsamkeit gäbe, dann wäre es wohl die Tatsache, dass diese Menschen nicht gelebt haben, sondern *sich haben leben lassen*. Das krankmachende, zerfressende Element jedoch, das am Ende die Krankheit hervorruft, ist der tiefe Lebensfrust, die Leere, die empfundene Sinnlosigkeit des eigenen Lebens. Trauer. Schmerz. Aussichtslosigkeit.

Der Preis für ein Brachliegenlassen dessen, was man zu sein bestimmt ist, kann demnach hoch sein; für ein Nicht-Annehmen der eigenen Fähigkeiten und das Ausschlagen der Verwirklichung des eigenen Potentials, gepaart mit dem Wunsch, immer lieb sein zu wollen, von allen gemocht zu werden und es immer allen recht zu machen. Wird der Wunsch nach einem eigenen Leben dann noch durch tiefsitzende, eingeimpfte Schuldgefühle vereitelt, was Ferdinand S. schon beschrieb, wird das Leben schnell zur ausweglosen Sackgasse. Wird dann der daraus resultierende Lebensfrust einmal entfesselt und die Person wird sich über ihre Lebensmisere bewusst, ohne einen Ausweg zu finden - und dabei ist es egal, was diese Entfesselung in Gang setzt - dann ist dieser Preis unter Umständen das Leben selbst.

Schon immer spürte ich, wie wichtig es ist, 'sich selbst zu leben', oder 'seinem eigenen Herzen zu folgen', 'seine innere Seligkeit zu verwirklichen'. Doch dass es tatsächlich *lebensnotwendig* ist, dies zu tun, wusste ich bis zum Tod des Klägers nicht.

Fesseln, Gefängnisse, Bunker, Lebenssituationen, die einem 'verbieten', selbst zu leben, *sollten* nicht nur verlassen werden - nein, sie *müssen* verlassen werden, soll das Leben einen Sinn ergeben; will man gesund bleiben; möchte man wahres Leiden vermeiden. Wahrer Frieden in der Seele *kann* anders nicht gefunden werden. Andere Menschen sind sicher wichtig; Helfen ist immer eine Tugend. Doch die Botschaft 'Liebe Deinen Nächsten *wie Dich selbst*' sollte in ihrer tiefsten Bedeutung ernst genommen werden. Zu schmerzhaft der Frust, zu zerstörerisch die Wut, zu hoch der Preis für ein 'ungelebtes' Leben.

Ich wünsche mir aus tiefstem Herzen, dass all das durchlebte Leiden aller beteiligten Personen nicht umsonst gewesen ist. Dass daraus Schlüsse gezogen und wenn nötig auch Veränderungen herbeigeführt werden können.

Und dass der Tod nicht vergebens war.

Möge Euer Leben friedlich sein.

Möget Ihr zu Euch selbst und eurem Herzen finden.

Möget Ihr im Stande sein, Euer eigenes Glück zu schmieden.

Möget Ihr die Kraft haben, Euch durchzusetzen und Euer eigenes Potential in die Welt einzubringen.

Mögest Du Frieden in Deiner Seele finden; und glücklich sein.

Ihr seid das Salz der Erde. Wenn das Salz seinen Geschmack verliert, womit kann man es wieder salzig machen? Es taugt zu nichts mehr, außer weggeworfen und von den Leuten zertreten zu werden.

Ihr seid das Licht der Welt. Eine Stadt, die auf einem Berg liegt, kann nicht verborgen bleiben. Man zündet auch nicht eine Leuchte an und stellt sie unter den Scheffel, sondern auf den Leuchter; dann leuchtet sie allen im Haus. So lasst Euer Licht vor den Menschen leuchten, damit sie Eure guten Taten sehen.

Denn Ihr seid ***das Licht der Welt***. (Matthäus 5, 14 - 16)

In tiefer Dankbarkeit für diese Erfahrung

Antonia Katharina Tessnow
aus dem Alten Jagdhaus

Sei gut zu Dir!

Wer den Himmel nicht in sich trägt,
sucht ihn vergebens
im gesamten Weltall

Über die Autorin:

Antonia Katharina, geboren 1975 in Berlin, absolvierte nach Beenden der Schule ihren Highschool-Abschluss in den USA. Nach einem einjährigen USA-Aufenthalt kehrte sie nach Deutschland zurück und arbeitete viele Jahre hauptberuflich als Berufsreiterin. Mit 22 wechselte sie in einen Sportstall nach Schleswig-Holstein, in dem sie sich auf die Dressur spezialisierte und Pferde aller Klassen trainierte und ausbildete. Mit 28 wechselte sie ins Berliner Olympiastadion und arbeitete dort 6 Jahre als Landesverbandstrainerin des modernen Fünfkampfes in der Disziplin Springreiten. Berufsbegleitend studierte sie Heilpraktik, Tierheilpraktik und ganzheitliche Psychologie und besuchte eine dreijährige Fortbildung am Institut für Emotionale Prozessarbeit.

Mitte 30 verließ sie den Reitsport, ging an eine Uniklinik nach Sri Lanka und erwarb dort ihre internationale Heilerlaubnis. Es folgten 3 Jahre, in denen sie zwischen Indien und den USA hin- und herpendelte, psychoenergetische Sitzungen leitete und sich weiterbildete.

Antonia Katharina ist Doctor of holistic Medicine und Psychology, hat sich umfassend mit alternativen Heilweisen befasst, wozu auch der therapeutische Einsatz von Musik gehört. Sie absolvierte eine Ausbildung am Institut für Emotionale Prozessarbeit in Berlin und besuchte Kurse von dem führenden Reinkarnationstherapeuten Trutz Hardo. Im Laufe ihres 3-Jährigen Indienaufenthaltes spezialisierte sie sich auf psychoenergetische und musikalische Heilarbeit, Reinkarnationstherapie und Pflanzenheilkunde.

Seit 2009 lebt sie wieder in Deutschland und widmet sich seitdem nicht nur ihrer künstlerischen, heilpraktischen und schriftstellerischen Arbeit, sondern setzt sich auch intensiv mit dem Thema Hunde auseinander - vorrangig der Rasse Bolonka Zwetna.

Neben dem Schreiben von Büchern und ihrer tierheilpraktischen und -therapeutischen Arbeit, die sie seitdem weiter vertiefte, absolvierte sie eine Zusatzausbildung zur Hundefriseurin und besuchte diverse Weiterbildungen zum Thema Haltung, Zucht und Tierkunde. Heute lebt Antonia Katharina am Rande eines Dorfes in Mecklenburg-Vorpommern und betreibt die kleine Rassehundezucht der 'Zarenhunde aus dem Alten Jagdhaus'.

Webseite der Autorin:

www.antonia-katharina.de

Webseite der Hundezucht 'aus dem Alten Jagdhaus':

www.bolonka-zucht.de

Webseite der Fotographie:

www.light-in-time.com

Webseite von Tattoo Spirit:

www.tattoo-spirit.com

Breakable - Zerbrechlich

Der Skandalroman aus Mecklenburg

Dieser Psychokrimi hat in der Region, in der es erschien, für so viel Wirbel gesorgt, dass sogar die Presse in die Geschichte eingestiegen ist. Anfeindungen, Intrigen und Klagen finden nicht nur im, sondern fanden auch um das Buch herum statt. Näheres ist einzulesen auf dem Blog

breakablezerbrechlich.wordpress.com

Klappentext:

Eine Frau aus der Stadt. Ein kleines Dorf. Eine alte Köhlerkate, traumhafte Umgebung und idyllische Umgebung. Nicolas Leben könnte nicht friedlicher sein. Eines Tages begegnet sie einem Bauern aus der Nachbarschaft. Es ist Liebe auf den ersten Blick. Als diese von dem Mann mit der unverwechselbaren Stimme auch noch erwidert wird, scheint ihre Welt perfekt.
Doch Nicolas Glück ist nur von kurzer Dauer. Trug und Lüge lauern hinter jeder Ecke. Gerade als sie beginnt, das Ausmaß des Bösen zu entdecken, tun sich Abgründe auf, in die sie niemals hätte schauen dürfen.

Nach einer wahren Begebenheit.

'In ihrem spannenden Roman voller überraschender Volten und psychologischer Abgründe begegnet der Leser Figuren, die er seit Langem zu kennen glaubt.'

Henrik Leschonski, Lektor

Die Botschaft der Tiere

Der Weg zurück zu uns selbst

Ein Wegweiser durch unsere Zeit

Es ist ganz und gar möglich, den Weg nach Hause zu finden. Wir brauchen nicht zu warten, bis wir diese Welt verlassen und zurück in unsere Seelenheimat gehen, um in den ewigen Gefilden Frieden und Liebe zu erleben. Wir können uns unser Zuhause, das Paradies, auch hier auf der Erde, auf diesem Planeten erschaffen. Es ist tatsächlich möglich, uns in ein neues, anderes Bewusstsein hineinzuentwickeln, von dem nicht nur die heiligen Schriften und die Erleuchteten im Laufe unserer Erdgeschichte berichtet haben, sondern von dem uns auch die Tiere erzählen, indem sie es uns Tag für Tag vorleben.

Wir Menschen können noch umkehren. Wir müssen diese Welt nicht zerstören. Es muss nicht alles so weitergehen wie bisher. Es ist möglich, den Weg zurück ins Paradies zu finden, doch können ihn uns nur diejenigen weisen, die ihn kennen.

Wenn wir den Tieren erlauben, uns den Weg zu weisen, werden wir ihn finden. Wenn wir ihre Botschaft ernstnehmen, sie verinnerlichen und versuchen, sie zu entschlüsseln, werden wir sie verstehen. Die Tiere haben das Paradies nie verlassen. Wer, wenn nicht sie, könnten uns diesen Weg weisen?

Kommunikation mit Tieren

ein Essay

Tierkommunikation ist keine Kunst, die nur wenigen Auserwählten vorbehalten ist, sondern eine Fähigkeit, die in jedem von uns schlummert und uns allen innewohnt. Es ist nichts, was man lernen muss, sondern es ist etwas, woran man sich erinnern kann, wenn man dafür bereit ist. Dieses kleine Büchlein beschreibt in kurzen, aufeinander aufbauenden Abschnitten die Kommunikation mit Tieren. Es soll dabei helfen, sich an seine ursprünglichen Fähigkeiten zu erinnern und sie wieder nutzbar zu machen; es soll ein Wegweiser sein und zeigen, dass jede Begegnung eine Aufgabe für uns bereit hält, für die es immer eine Lösung gibt und an der wir wachsen können. Alles hat einen Sinn und es lohnt sich, darauf zu vertrauen. Selbst wenn wir ihn manchmal nicht gleich verstehen.

Textauszug: 'Jede Kommunikation ist individuell. Jede Verbindung, jedes Karma einmalig. Manchmal sind die Tiere überhaupt erst dafür da, um dem Menschen die gefühlte, intuitive Wahrnehmung und Kommunikation zu erschließen. Es ist ein Gewinn für alle, wenn der Mensch beginnt, eine Verbindung zu seinem Tier und damit zu sich selbst herzustellen, sich seinen Themen und deren Botschaften zu öffnen und von ihnen zu lernen. Wenn du dazu bereit bist, das Tier in seiner Ganzheit zu erkennen und als gleich-wertig zu schätzen, wenn du dich auf dein Ganz-Sein einlässt und dem Tier genauso erlaubst, es selbst zu sein, wie es das Tier dir erlaubt, dann entsteht wahre Verbundenheit. Wenn du über die weit verbreiteten Trainingsmethoden der Dominanz und der autoritären Kontrolle hinauswächst und dich dem tieferen Sinn einer Begegnung zuwendest, wenn du versuchst zu erkennen, was dein Gegenüber dir beibringen will, dann beginnt die Kommunikation mit deinem Tier.

Celtic Spirit

Eine Reise in die Tiefen
zeitloser keltischer Weisheit

In den Kulturen aller Zeiten findet man Spuren von der ursprünglichen Verbundenheit zwischen Mensch, Welt und Universum. Nicht nur bei den Kelten, sondern überall schien der Geist des Einklanges in der einen oder anderen Weise wirksam zu sein. Das *Einssein mit Allem*, woraus auch der Keltische Spirit hervorging, schien in uriger Zeit auf der ganzen Welt präsent und Grundlage jeder Form der Wahrnehmung.

Möge 'The Celtic Spirit' eine Idee davon geben, wie man über das Erfühlen der Bäume eine Verbindung zum Leben herstellt, wie sich die einzelnen Bäume anfühlen, warum sie bestimmten Zeitabschnitten im Jahr zugeordnet wurden und was sie mit diesen unterschiedlichen Zeitqualitäten gemein haben.

Und möge dieses Büchlein Inspiration für all diejenigen sein, die sich nicht nur ein ganzheitlicheres Verständnis mit der Natur wünschen, sondern sich auch nach einer tieferen Verbundenheit mit dem Leben sehnen.

Bolonka Zwetna

Von der Empfindsamkeit der Hundeseele und der Liebe, die sie schenkt

Dieser kleine Ratgeber soll nicht nur zum allgemeinen Verständnis der Beziehungen von Hunden zu uns Menschen beitragen, sondern vor allem den Menschen in seiner Seele berühren. Neben kurzen Überblicken über Rassestandard, Ernährung, Fellpflege und Haltung führt die Autorin den Leser in die facettenreiche Welt der Hundeseele, die voll tiefer Empfindsamkeit ist und niemanden unberührt lässt, der die Fähigkeit besitzt, zu fühlen.

Antonia Katharinas Liebe gilt seit jeher den Tieren. Viele Jahre war sie hauptberuflich in der Reiterei tätig bevor sie Heilpraktik, ganzheitliche Psychologie und Tierheilpraktik studierte. Seitdem widmet sie ihr Leben den Kleinhunderassen im Allgemeinen und dem Bolonka Zwetna im Speziellen. Neben ihrer schriftstellerischen, musischen und tierheilpraktischen Arbeit hat sie sich auf die Auftragsmalerei von Tierfotos spezialisiert und betreut ihre kleine Rassehundezucht der 'Zarenhunde aus dem Alten Jagdhaus'.

Die Hundezucht 'aus dem Alten Jagdhaus'
ist zu finden unter

www.bolonka-zucht.de

Madras

Zauber der Palmblätter

Die Palmblattbibliotheken: Tausende Jahre alt und bis heute ein ungelöstes Rätsel. Das Geheimnis dieses Ortes ist das Thema dieses Buches. Die Geschichte dreht sich um eines der größten Rätsel der Menschheit.

Eine Reise führte mich dort hin. Ich habe meine kleine Heimatstadt verlassen um der Sagenumwobenen Legende auf den Grund zu gehen, die besagt, dass dort alle Lebensgeschichten aller Menschen niedergeschrieben sind; allerdings nur von denjenigen, die sich aufmachen, um danach zu suchen.

Eben das habe ich getan. Und dies ist es, was ich gefunden habe.

Dieses Buch liegt in deutscher und englischer Fassung vor.

Menschen, die dieses Buch gelesen haben:

"Ein interessantes Buch. Wer will, findet die Antwort auf die Frage: Wie viele Leben hat ein Mensch?"
Günther Prinz, Publizist, ehemaliger Chefredakteur der 'Bild', Deutschland

"Da steht also mein ganzes Leben auf einem Palmenblatt in Madras. Dieses Buch hat mein Verständnis von Raum und Zeit grundlegend verändert."
Fritz Bloomberg, Ex-Vizepräsident Burda Media, New York

"Ein außergewöhnliches Lesevergnügen, das meine Sicht auf die Welt verändert hat."
Gregor Tessnow, Schriftsteller und Drehbuchautor

Stille Nacht, Heilige Nacht

Erinnerungen an einen Heiligen Abend
in den letzten Tagen des zweiten Weltkriegs

eine Kurzgeschichte

Diese Geschichte
liegt in deutscher und Englischer Fassung vor.

Über das Buch:

1943. Es ist Weihnachten. Schon damals schrieben
Kinder Tagebücher, um die unfassbaren Erlebnisse, die
in Worten kaum wiederzugeben sind, festzuhalten. Die
ältere Schwester von Antonia Katharinas Mutter ist neun
Jahre alt, als sie durch ihre kindlichen Augen die
Ereignisse einer Nacht beschreibt, die tiefe Eindrücke
hinterlassen und niemanden unberührt lassen. Eine
wunderbare Erinnerung daran, in was für friedlichen
Zeiten wir heute leben dürfen.

Über die Autorin:

Antonia Katharina Tessnow ist die Tochter einer
ehemals ostpreußischen Familie, die nach dem ersten
Weltkrieg nach Deutschland kam. Ihre Großeltern ließen
sich in Berlin nieder, mussten jedoch aus der Stadt
fliehen, nachdem ihr Wohnhaus im letzten Jahr des
zweiten Weltkrieges zerbombt und komplett zerstört
wurde. Viele Jahre später kehrten sie nach Berlin zurück.
Obwohl Antonia Katharina dort geboren ist, fühlte sie
sich in dieser Stadt jedoch nie heimisch. Heute lebt sie
auf dem Lande am Rande der Mecklenburgischen
Schweiz.

Weiß Du,
was Du mit Dir trägst?

Eine Entscheidungshilfe
für Tattoo und Motiv

Was für Wirkungen auf Dich und welche Auswirkungen auf Dein Leben kann eine Tätowierung haben? Wie weitreichend können Veränderungen, wie tief Seelenschmerzen sein, die eine unbedachte Tätowierung möglicherweise mit sich bringt? Wie wichtig sind die Auswahl des Motivs und des Tätowierers?

Antonia Katharina Tessnow ging durch die dunkle Erfahrung einer vorschnellen Entscheidung und obendrein eines schlecht gestochenen Tattoos. Fast zwei Jahre ihres Lebens kostete sie die Wiederherstellung ihres Armes, für den sie sich täglich schämte. Ihre Leidensgeschichte beschrieb sie in dem ersten Teil des Buches 'Tattoo - Laser - Cover Up - Wenn der Traum zum Albtraum wird'. Für alle, die hoffentlich nicht vor dem Lasern und Covern stehen, sondern vor der einmaligen Entscheidung zu einer neuen Tätowierung, veröffentlicht sie nun den erweiterten und überarbeiteten zweiten Teil und bietet damit allen Tattoo-Freudigen einen Ratgeber und eine Entscheidungshilfe.

‚Frage Dich, was Du mit Dir tragen willst, bevor Du Dir mit einer falschen Entscheidung eine Bürde auflastest, die Du zu tragen nicht vermagst.‘

Sternenstaub am Horizont

oder

Breakable - Zerbrechlich

der Fall

zwischen Selbstwert und Zerstörung

'Es gibt Geschichten im Leben, die hätte man lieber nicht erlebt.' Diese Aussage trifft auf viele Ereignisse zu. Doch meist ist diese Aussage nur auf den ersten Blick wahr; schaut man tiefer und geht der Frage nach: *Was hat mir dieses Ereignis zu sagen?*, oder: *Was hat mich dieses Ereignis zu lehren?*, wird oft der tiefere Sinn einer Erfahrung offenbar.

Nicht nur die Geschichte, die in dem Roman **Breakable - Zerbrechlich** verarbeitet ist, war eine dieser Erfahrungen, sondern auch all das, was um den Roman herum geschah. Vordergründig ein Thriller, hintergründig eine wertvolle Lektion über Selbstwert und Zerstörung.

Was geschieht, wenn der Selbstwert fehlt? Welche Auswirkungen hat das Fehlen von rechtzeitig gesetzten Grenzen? Und wohin kann einen der Weg führen, wenn man entscheidende Lebensthemen hat lösen können?

Durch den Roman veranschaulicht die Autorin nicht nur diese Problematiken, sondern bietet im zweiten Teil eine psychoanalytische Draufsicht, Aussichten für Betroffene sowie Lösungsansätze. Ein unumgängliches Buch für jeden, der schon einmal an seinem Selbstwert zweifelte und hofft, einen soliden Weg zur eigenen, inneren Wertschätzung zu finden.

HAIR

Alles über alternative Haarpflege

HAIR - Alles über alternative Haarpflege, ist ein heilpraktisches Sachbuch. Es gibt in den einleitenden Kapiteln einen Überblick über die Inhaltsstoffe in herkömmlichen Shampoos und Duschgels und wie schädlich synthetisch hergestellte Chemikalien in der täglichen Anwendung auf Haut und Haaren sind. Des weiteren wird auf die Langzeitschäden eingegangen, die sich durch den dauerhaften und wiederholten Kontakt mit diesen Chemikalien ergeben können.

Der Hauptteil des Buches zeigt Alternativen zu herkömmlichen Produkten auf, die leicht umzusetzen und anzuwenden sind. Es wird auf komplizierte Anwendungstechniken verzichtet und ganz gezielt die Einfachheit der Methoden betont und in den jeweiligen Anwendungsbeschreibungen dargelegt. Alle alternativen Methoden zur Haut- und Haarreinigung sind von mir persönlich im Selbstversuch getestet, für jeden Interessierten leicht nachvollziehbar und die entsprechenden reinigenden Substanzen leicht erhältlich.
Im letzten Teil des Buches wird auf die Lebensweise, die Ernährung, Öle, Haarbürsten und Tipps und Tricks eingegangen, die langfristig und nachhaltig für gesunde und volle Haare sowie für gesunde, vitale und frische Haut sorgen.

Ziel dieses Buches ist es, das Bewusstsein für den Umgang mit unserem Körper, unserer Umwelt und damit unserer Gesundheit zu schärfen.

Winston

Eine Pferdebuch-Trilogie für Jugendliche

Da Antonia Katharina selbst viele Jahre als Berufsreiterin tätig war, greift sie hier auf einen langjährigen Erfahrungsschatz zurück und veranschaulicht die Welt der Pferde für jeden Leser so realistisch und wirklichkeitsnah, dass man meint, selbst am Geschehen Teil zu nehmen. Ein Pferdeleben, wie es authentischer nicht beschrieben werden kann.

Winston Band I

Ein Fohlen erblickt die Welt

'Da steht er nun. Seine Beine sind viel zu lang für seinen kleinen Körper. Er versucht sich mühsam in der Koordination seiner Bewegungen, die anfangs nur bedingt gelingen. Das Fohlen macht seine ersten Gehversuche und stakst dabei durch das Stroh wie ein Storch durch den Salat. Es ist wackelig auf den Beinen. Das Neugeborene drückt seinen Körper fest an den seiner Mutter, um stehen zu bleiben und nicht umzukippen. Die Stute bleibt regungslos stehen und wartet, schaut ihr Fohlen an und wagt nicht, sich zu bewegen, sondern bietet mit ihrem großen, ausgewachsenen Körper dem Kleinen Stütze und Orientierung.'

Winston Band II

Die große Show

'Ich wünsche mir aus tiefstem Herzen, dass der Ort, an dem ich bin und alles andere mein Leben lang so bleiben wird wie in diesem Sommer. Das alte Gestüt, in all seiner Stille, entwickelte sich zum unvergesslichen Ort meiner Sehnsucht. Hier will ich sein. Hier gehöre ich her. Und in meinen stillen Augenblicken gibt es nichts, was mir fehlt.

Zwar weiß ich, dass es für die Menschen hier darum geht, Geld zu verdienen, Erfolg zu haben, die Pferde ordentlich auszubilden und teuer zu verkaufen. Doch für mich geht es um den Geruch von frischem Stroh, wenn ich morgens in den Stall komme; um das Glück, das mich durchströmt, wenn ich meine Fohlen auf die Weide lasse; um die Sehnsucht in Winstons Augen, um die warme Sommerluft an lauen Abenden und den unendlichen Frieden, der über den Weiden liegt.

So gingen die Tage ins Land. Alles verlief ruhig. Bis zu jenem Tag, als etwas geschah, was diese Stille durchbrach.'

Winston Band III

Nichts ist unmöglich

'Mein Winston. Niemals hätte ich gedacht, dass man so eine tiefe und innige Beziehung zu einem Pferd haben kann. Dass man sich mit einem Tier so gut verstehen, so klar die Gefühle und Gedanken des anderen erfassen kann; und das alles ohne Worte. Ja, dass man ein Zusammengehörigkeitsgefühl entwickeln kann und eine Nähe, wie das bei uns der Fall ist und das manche Menschen mit allen Worten der Welt niemals herzustellen in der Lage sein werden.'

Kelten Kalender

Terminplaner
mit Baumkreis und Mondstand

jedes Jahr neu!

Das Keltentum ist seit jeher Quelle geistiger und seelischer Inspiration. Jeder, der sich zu der Geschichte, den Philosophien und der Lebensweise unserer Urahnen hingezogen fühlt, spürt in sich meist auch eine tiefe Verbundenheit mit der Natur. Immer mehr Menschen spüren eine große Sehnsucht nach eben dieser Verbundenheit, die über die Jahrhunderte hinweg, durch Überlagerung moderner Glaubenssätze, verloren ging.

Dieser Kalender soll dazu beitragen, dass das wunderbare Gefühl der Naturverbundenheit wieder zum Leben erwacht und sich weiter vertieft. Aus diesem Grund wird hier auf die alten keltischen Feiertage und den keltischen Baumkreis zurückgegriffen und damit auf uraltes Wissen, das aus einer Zeit hervorging, in der sich die Menschen noch als einen Teil der Natur wahrnahmen. Möge dieser Kalender ein wenig von dem alten, geheimnisvollen Wissen unserer Urahnen wachrufen und in unsere Erinnerung zurückholen; und wir damit in der Lage sein, das ursprüngliche Wissen unserer Vorväter, der Kelten, anzuzapfen.

Tattoo – Laser – Cover Up

Wenn der Traum zum Albtraum wird

Sowohl das Tätowieren als auch das Lasern ist nicht nur ein Eingriff in deinen Körper, sondern auch in deine Persönlichkeit und dem daran gekoppelten Gefühl, dir selbst gegenüber. Tätowieren verändert einen Menschen; mitunter hat diese Veränderung weitreichende Folgen und hinterlässt tiefe Spuren in deiner Seele. Festzustellen, dass dir das langersehnte Tattoo nicht gefällt oder gar misslungen ist, ist zudem eine schmerzliche Erfahrung, für die es wenig Helfende und Mitfühlende gibt.

Dieses Büchlein soll nicht nur eine Hilfestellung für Betroffene sein, sondern auch die Gedanken derer anregen, die mit der Idee spielen, sich unter die Nadel zu legen. Nicht nur meine eigenen Erfahrungen rund um das Thema Tattoo – Laser – Cover Up sind hier offengelegt, sondern es wurde auch ein Blick in all die Seelenschmerzen und inneren Qualen gewährt, die mit solchen Erfahrungen verbunden sind.

Jede Krise enthält eine Chance, weswegen die Chinesen dafür ein und dasselbe Wort verwenden. Die Chancen dieser Krise sind die daraus entsprungenen, weiterführenden und sehr hilfreichen Gedanken sowie all die wichtigen Überlegungen zum Tätowieren allgemein, die dir hoffentlich helfen mögen und die du unbedingt anstellen solltest, *bevor* du eine Entscheidung triffst, die dich in jedem Fall für dein Leben zeichnen wird.

Bildkalender

Jeder Kalender ist jeweils als Tischkalender
und in den Größen
DIN A4, DIN A3 und DIN A2 erhältlich

Bolonka Zwetna Wandkalender

Die kleinen Bolonka Zwetna, auch Zarenhunde genannt, erfreuen sich immer größerer Beliebtheit. Nun gibt es neben Büchern, kleinen Ratgebern und Terminplanern endlich auch einen Bildkalender, auf den schon so viele Bolonka-Fans gewartet haben.

Bolonka Zwetna Baby-Kalender

Neben den beiden Bolonka Zwetna Bildkalendern und den informativen und liebevoll gestalteten Terminplanern, vervollständigt Antonia Katharina Tessnow ihr Repertoire nun mit einem Bolonka Babykalender. Der Kalender ist ebenso liebevoll, bezaubernd und anrührend gestaltet, wie ihre vorhergehenden Publikationen, womit sie ganz ihrem Stil treu bleibt.

Impressionen aus Indien

Seit je her Faszination, Anziehung und Mystik in der reinsten Form. Ob die Schönheit der Landschaft, die geheimnisvollen Zeichen an historischen Bauwerken oder die uralte, herausragende Architektur des Landes - ein paar Blicke lohnen sich; die Eindrücke, die sie im Herzen hinterlassen, bleiben. Für immer.

Momente der Vergänglichkeit

Manche Momente möchte man gern festhalten, einige Augenblicke nie loslassen und für immer in unser Gedächtnis einbrennen. Dieser Kalender ist eine Sammlung wundervoller, feuriger und mystischer Momente, wie sie das Jahr uns schenkt.

Teltow, Abseits der Straßen

Teltow ist nicht nur ein Ort von Kunst und Kultur, moderner Innovationen und außergewöhnlichen Veranstaltungen; Teltow ist mehr! Dort, wo der Lärm aufhört und die Stille einkehrt, tun sich malerische Landschaften auf, die - je nach Tageszeit - in stimmungsvolles Licht getaucht, den Betrachter jedes Mal aufs Neue in seinen Bann ziehen.

Natur-Paradies Mecklenburgische Schweiz

Die Nostalgie der vorpommernschen Landstriche, die immer ein wenig Sehnsucht weckt, spiegelt sich ganz besonders in der Mecklenburgischen Schweiz, von der gesagt wird, es sei eines der letzten Paradiese unserer Zeit. Hier gibt es sie noch: die unberührte Natur und die ursprünglichen Landschaften, über denen der Himmel endlos erscheint.

Astro Kalender

Terminplaner mit

Planetenumlaufbahnen, Mondstände und Blanko-
Chart für das eigene Horoskop

jedes Jahr neu!

Der Astro-Kalender dient als Wegweiser durch das Jahr und spricht nicht nur Astrologen, sondern auch alle Naturverbundenen an, die zu den Gezeiten und dem Umlauf der Gestirne eine Verbindung spüren. Somit dient dieser Kalender sowohl Hobby-, als auch professionellen Astrologen, die in ihrer Arbeit auf die Planetenstände und Sternzeitberechnungen der Ephemeriden zugreifen, als Leitfaden durch das Jahr. Zu Beginn ist ein Blanko-Radix eingefügt, um die persönlichen Sternstände oder ein entsprechendes Wunsch-Horoskop eintragen zu können. Weiterführend sind die Verläufe der einzelnen Planeten graphisch dargestellt und somit visuell auf einen Blick einsehbar. Zudem sind vor jedem Monat die entsprechenden Ephemeriden gelistet, sodass man den astronomischen Jahresverlauf immer bei sich hat. Der Übertritt der Sonne sowie des Mondes in die einzelnen Zeichen ist direkt an den entsprechenden Tagen im Kalender eingetragen. Möge dieser Kalender Hilfe und Erleichterung sein und all jenen nützen, die rund ums Jahr die planetarischen Einflüsse, denen wir unterworfen sind, im Blick haben möchten, um ihr Gespür auf diese Weise noch mehr zu verfeinern suchen und bisher auf umständliche Methoden der Sternzeitberechnungen zurückgreifen mussten.

Bolonka Zwetna Kalender

Terminplaner

Jedes Jahr aktuell!

Jeder Mensch, der sich Hunden verbunden fühlt, spürt in sich meist auch eine tiefe Verbindung zur Natur, denn die Vierbeiner tragen einen großen Teil dazu bei, dass wir Hundemenschen uns viel draußen aufhalten, dem Wind und Wetter trotzen und auch unter widrigsten Umständen das Haus verlassen.

Dieser Kalender soll dazu beitragen, dass sich das wunderbare Gefühl der Naturverbundenheit noch weiter vertieft. Aus diesem Grunde wird hier nicht nur auf die neuchristlichen, sondern auch auf die alten, keltischen Feiertage zurückgegriffen und damit auf uraltes Wissen, das aus einer Zeit hervorging, in der sich die Menschen noch als ein Teil der Natur wahrnahmen.

Des Weiteren sind die Mondstände in den einzelnen Zeichen angegeben, die Sonnenzeichen, d.h. die Sternzeichen, vermerkt und 12 kleine Themen umrissen. Es ist jeweils der genaue Tag des Übertritts der Sonne in das neue Zeichen angegeben, wie er in den Sternzeitberechnungen angegeben ist und der von Jahr zu Jahr ein klein wenig variieren kann.

Möge dieser Kalender jedem Hundebegeisterten ein paar neue Einblicke geben, sowohl in den praktischen Umgang mit dem Hund, als auch in die Seele dieser wundervollen Wesen, die ein jedes Leben um ein vielfaches bereichern.

Copyright der Originalausgabe by
Antonia Katharina Tessnow